Berufsfeld Lager

AF216967

Einstieg Beruf

Erste Schritte in die deutsche Sprache

Übungsheft

Ruth Albert
Susanne Krauß
Judith Reisewitz
Frauke Teepker
Franziska van Elten

Ernst Klett Sprachen
Stuttgart

Bundesministerium für Bildung und Forschung

Das dieser Veröffentlichung zugrunde liegende Forschungsprojekt *Alphamar2* wurde mit Mitteln des Bundesministeriums für Bildung und Forschung unter dem Förderkennzeichen 01AB12026 gefördert. Die Verantwortung für den Inhalt der Veröffentlichung liegt bei den Autorinnen.

Wir danken dem Verein „Arbeit und Bildung", der VHS Marburg, der VHS Frankfurt sowie den Kursleiterinnen und Kursleitern der Erprobungskurse für ihre Unterstützung bei der Erprobung und Inna Gushchina für ihre Unterstützung bei der ersten Planung dieser Materialien. Außerdem möchten wir Maren Beneke und Olga Nikoliai ganz herzlich für ihren unermüdlichen Einsatz und ihre Hilfe beim Erstellen der Materialien danken.

1. Auflage   1 ¹¹ ¹⁰ 9 8 7 | 2028 27 26 25 24

Autorinnen: Ruth Albert, Susanne Krauß, Judith Reisewitz, Frauke Teepker, Franziska van Elten
Redaktion: Coleen Clement, Berlin; Ondrej Kotas, Berlin
Herstellung: Alexandra Veigel
Gestaltung und Satz: Regina Krawatzki, Stuttgart
Umschlaggestaltung: Sabine Kaufmann, Stuttgart
Reproduktion: Meyle + Müller GmbH + Co. KG, Pforzheim
Druck und Bindung: Plump Druck & Medien GmbH, Rheinbreitbach

Printed in Germany
978-3-12-676168-0

Inhalt

Die Symbole bedeuten:

ᨂᨂ Sie arbeiten zu zweit.

ᨂᨂᨂ Sie arbeiten in der Gruppe.

🖥 Sie schreiben ins Heft.

📄 Sie bearbeiten Wörter im Glossar.

1 Im Lager:

Arbeitskleidung, Gegenstände und Materialien

1 **Was tragen die Personen? Sehen Sie das Bild an und kreuzen Sie an.**

☐ Arbeitshosen   ☐ Handschuhe   ☐ Schutzhelme

☐ Arbeitsschuhe   ☐ Warnwesten   ☐ Schutzbrillen

2 **Was ist das? Schreiben Sie die Zahlen.**

1. der Arbeitsschuh
2. der Arbeitshandschuh
3. der Arbeitskittel
4. die Arbeitshose
5. der Schutzhelm
6. die Warnweste
7. die Schutzbrille

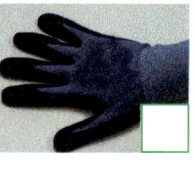

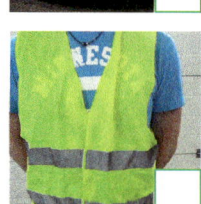

3 **Was ist das? Zeigen Sie auf ein Bild in Übung 2. Ihr Partner / Ihre Partnerin sagt das Wort.**

4 Wer ist das? Was ist er von Beruf? Lesen Sie und markieren Sie.

Hallo, ich heiße Tobias.
Ich arbeite als Lagerhelfer. Ich kann gut tragen, Pakete packen und organisieren.

5 Wo kann man als Lagerhelfer oder Lagerhelferin arbeiten? Sprechen Sie.

In einem Möbelhaus.

In ...

6 Was sagt Tobias noch? Lesen Sie.

Ich trage oft einen Arbeitskittel und Handschuhe. Ich trage immer Arbeitsschuhe.

Ich nehme die Ware an.
Ich transportiere sie.
Ich räume sie in die Regale.

Die Waren sind oft in Kartons.

7 Was ist richtig? Kreuzen Sie an.
1. Tobias trägt immer eine Weste. ☐
2. Er trägt immer Arbeitsschuhe. ☐
3. Er verkauft Waren. ☐
4. Er legt die Waren in die Regale. ☐

8 Was ist im Lager? Schreiben Sie die Wörter.

Sackkarre _____

Palette _____

Hubwagen _____

Gabelstapler _____

Gitterrollwagen _____

Gitterboxpalette _____

9 Was passt? Ordnen Sie zu.

1. Was stellt man auf den Hubwagen oder Gabelstapler? __2__ , _____
2. Was ist ein Fahrzeug? _____
3. Worauf legt man die Ware? _____ , _____ , _____
4. Womit transportiert man Paletten? _____ , _____ , _____

10 Wiederholen Sie: Was ist das? Schreiben Sie die Zahlen.

| 4 | die Palette | ☐ | der Hubwagen | ☐ | die Sackkarre |

☐ der Gitterrollwagen   ☐ der Gabelstapler   ☐ die Gitterboxpalette

1

2

3

4

5

6

11 Zeigen Sie auf ein Bild und fragen Sie. Ihr Partner / Ihre Partnerin sagt das Wort.

Was ist das?

Das ist ein Gabelstapler.

12 Was sagt Tobias? Lesen Sie den Text.

Im Lager muss ich viele Materialien kennen.

Zum Beispiel Glas, Plastik und Holz.

Dann weiß ich genau, was ich brauche:
Die Holzpalette oder die Plastikpalette?

13 Was passt wo? Ordnen Sie zu und schreiben Sie.

~~die Pappe~~   das Glas   das Holz   das Papier
das Plastik   das Metall

die Pappe

_____   _____

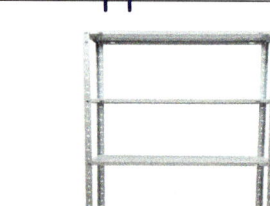

_____   _____   _____

14 Aus welchem Material ist das? Sprechen Sie.

1. ein Regal
2. ein Karton
3. eine Flasche
4. ein Zettel
5. ein Tisch
6. eine Palette

Ein Regal ist aus Holz.

Ja, oder aus …

15 Welche Materialien sehen Sie in Ihrem Kursraum? Sprechen Sie.

16 Kennen Sie die Wörter? Schreiben Sie die Zahlen.

5	der Karton	☐	die Palette	☐	der Gitterrollwagen
☐	das Regal	☐	der Hubwagen	☐	die Leiter
☐	die Folie	☐	der Container		

17 Was sehen Sie genau? Verbinden Sie und schreiben Sie.

1. Metall   - palette   _____

2. Papp   - rollwagen   _____

3. Gitter   - karton   _____

4. Holz   - regal   <u>das Metallregal</u>_____

5. Müll   - folie   _____

6. Plastik   - container   _____

18 Welche Wörter finden Sie? Markieren Sie und schreiben Sie.

K	u	G	l	a	s	z	i	s	r
A	r	b	H	o	l	z	s	p	r
B	P	l	a	s	t	i	k	S	e
F	a	l	p	P	a	p	i	e	r
M	e	t	a	l	l	e	r	T	u
s	g	P	a	p	p	e	f	M	a

1. Glas _____
2. _____
3. _____
4. _____
5. _____
6. _____

19 Setzen Sie die Wörter zusammen und schreiben Sie.

Holz

Plastik ──→ palette

Gitterbox

die _____

die _____

die _____

palette

Plastik ──← eimer

folie

die _____

der _____

die _____

20 Wie sind die Pluralformen? Schreiben Sie.

der, die, das	die
der Karton	die Kartons
der Container	_____
das Lager	_____
das Regal	_____
die Palette	_____
die Leiter	_____

21 **Welche Wörter passen? Schreiben Sie und vergleichen Sie.**

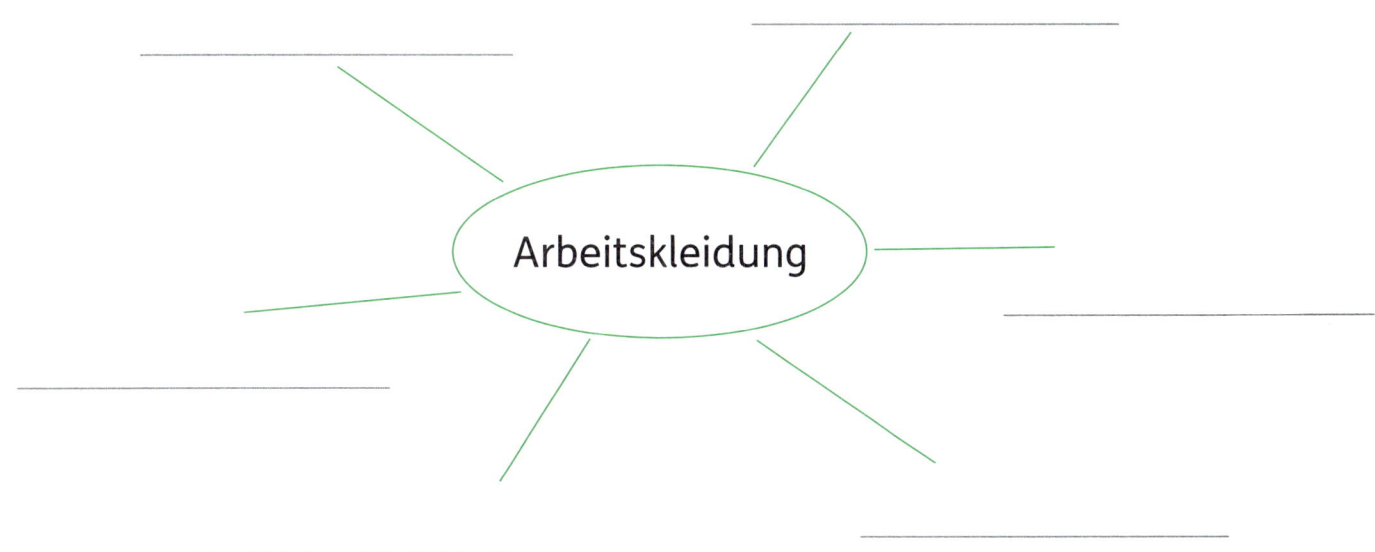

22 **Was ist das? Lesen Sie vor. Ihr Partner / Ihre Partnerin sagt das Wort.**

1. Es ist Arbeitskleidung. Es ist für die Hände.
2. Es ist ein Material. Daraus sind Flaschen und Fenster.
3. Es ist aus Pappe. Man legt Waren hinein.
4. Es ist aus Metall. Man braucht es für hohe Regale.
5. Es ist ein Fahrzeug. Damit transportiert man schwere Waren.
6. Es ist sehr groß. Man wirft alte Kartons hinein.

23 **Beschreiben Sie ein Wort aus der Lektion. Die anderen raten.**

> Es ist Arbeitskleidung.
> Es ist für …

24 **Welche Wörter können Sie gut? Haken Sie die Wörter im Glossar ab. ✓**

Neue Ware annehmen

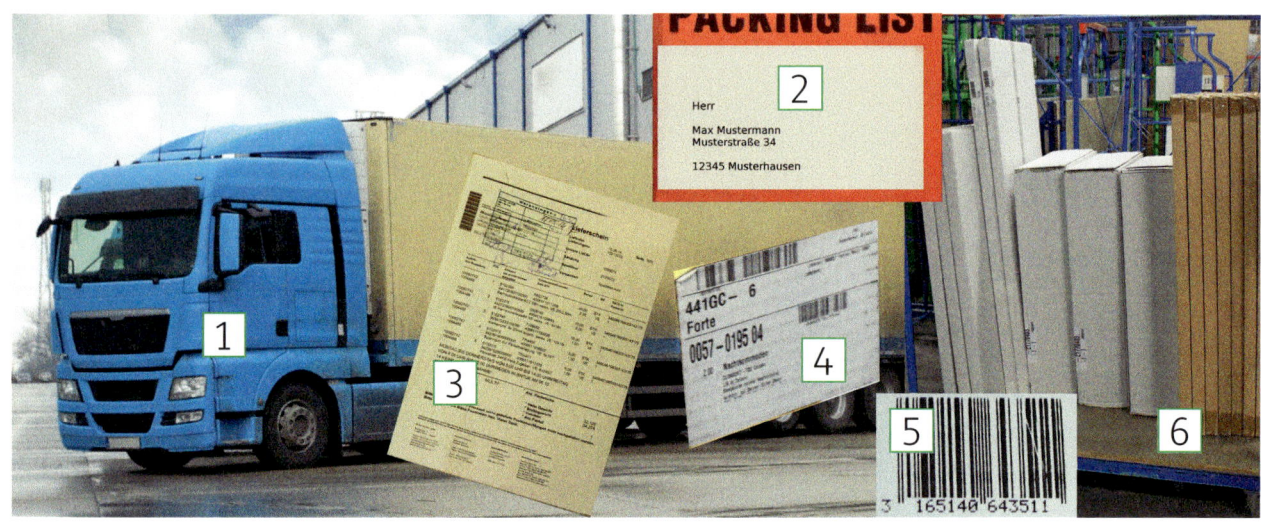

1 Kennen Sie die Wörter? Ordnen Sie zu.

☐ die Ware   ☐ das Etikett   1 der LKW

☐ der Lieferschein ☐ die Adresse   ☐ der Strichcode

2 Was sagt Tobias? Lesen Sie.

> Heute helfe ich beim Wareneingang.
> Neue Ware kommt mit dem LKW.
> Ich lade die Ware aus.
> Ich kontrolliere die Ware. Ist alles komplett?
> Ist nichts kaputt?
> Ich unterschreibe die Dokumente.

3 Was ist richtig? Kreuzen Sie an.

1. Tobias hilft beim Wareneingang. ☐
2. Ein Auto bringt die Ware. ☐
3. Tobias kontrolliert die Ware. ☐
4. Die Ware ist kaputt. ☐

4 Ergänzen Sie *kontrollieren* in der richtigen Form.

ich   [   ] [   ]

du   [kontrollier] **st**

er / sie   [   ] [   ]

wir   [kontrollier] **en**

ihr   [kontrollier] **t**

sie / Sie   [kontrollier] **en**

5 Was kontrollieren die Personen? Ergänzen Sie.

Ich [   ] [   ] den Karton.

Du [   ] [   ] die Adresse.

Tobias [kontrollier] **t** den Lieferschein.

Wir [   ] [   ] die Ware.

Ihr [   ] [   ] das Etikett.

Tobias und Sara [   ] [   ] die Qualität.

6 Zu welcher Gruppe gehören die Wörter? Machen Sie eine Liste.

~~kontrollieren~~   ~~der Lieferschein~~   ausladen

unterschreiben   die Ware   der LKW

transportieren   der Strichcode   das Lager   bringen

Nomen 🔺🔺	Verben 🔴
der Lieferschein	kontrollieren

7 Was machen die Personen? Ordnen Sie zu.

[2] ausladen   [ ] tragen   [ ] transportieren

[ ] unterschreiben   [ ] aufmachen   [ ] zukleben

1

2

3

4

5

6

8 Wie ist es richtig? Ergänzen Sie.

Tobias [auf] [mach][t] den Karton.

Tobias [mach][t] den Karton [ ].

9 Ergänzen Sie *aufmachen* in der richtigen Form.

~~mach**t** ... auf~~   mach**en** ... auf   mach**st** ... auf
mach**e** ... auf   mach**en** ... auf   mach**t** ... auf

Ich [ ] [ ] den Karton [ ].

Du [ ] [ ] den Container [ ].

Er [mach][t] die Verpackung [auf].

Wir [ ] [ ] alle Kisten [ ].

Ihr [ ] [ ] die Waren [ ].

Tobias und Sara [ ] [ ] den LKW [ ].

10 Was machen die Kollegen? Ergänzen Sie.

Sami [läd | t] die Ware [   ].

ausladen

Tobias [   ] den Karton [   ].

zukleben

Sara [   ] das Etikett [   ].

aufkleben

11 Spielen Sie eine Tätigkeit pantomimisch vor. Ihr Partner / Ihre Partnerin sagt das Wort.

> Du klebst ein Etikett auf.
> Ist das richtig?

> Ja, das ist richtig. /
> Nein, das ist falsch.

12 Wichtige Wörter für den Wareneingang. Schreiben Sie die fehlenden Buchstaben.

1. Das Möbelhaus bekommt Ware. Es ist der ___mpfänger.

2. Fünf Paletten kommen. 5 ist die ___enge.

3. Ein Karton ist kaputt. Die Ware hat Schä___en.

4. Alles ist richtig: Farbe, Material, Größe. Die Ware hat eine gute Qualitä___.

13 Tobias und Sara laden die Ware aus. Lesen Sie die Dialoge.

a

Der LKW kommt

Tobias: Sara, komm, der LKW ist da!

Sara: Ich komme. Was machen wir jetzt?

Tobias: Wir lesen den Lieferschein. Ist die Lieferung sicher für uns?

Sara: Ja, da steht unsere Adresse.

Tobias: Gut. Dann laden wir die Ware aus. Ich unterschreibe den Lieferschein.

b

Sie bringen alles ins Lager

Tobias: Fertig! Komm, wir kontrollieren. Auf dem Lieferschein steht: 20 Paletten. Haben wir 20 Paletten?

Sara: Moment, ich zähle. Ja, 20 Paletten. Das ist richtig.

Tobias: Jetzt gucken wir: Sind alle Kartons okay? Oder ist etwas kaputt?

Sara: Alles ist okay.

Tobias: Stimmen auch Größe, Farbe und Material von der Ware?

Sara: Ja. Komm, wir bringen die Ware ins Lager.

14 Welches Thema passt zu welcher Frage? Verbinden Sie.

1. *Haben wir 20 Paletten?*   die Qualität

2. *Ist die Lieferung sicher für uns?*   die Menge

3. *Ist etwas kaputt?*   der Empfänger

4. *Stimmen Größe, Farbe und Material?*   die Schäden

15 Markieren Sie die Fragen aus Übung 14 in den Dialogen.

16 **Tobias und Sara kontrollieren die Ware. Wie sind die Kartons? Schreiben Sie.**

2

1. ~~groß~~
klein

_____   groß
_____

2. schwer
leicht

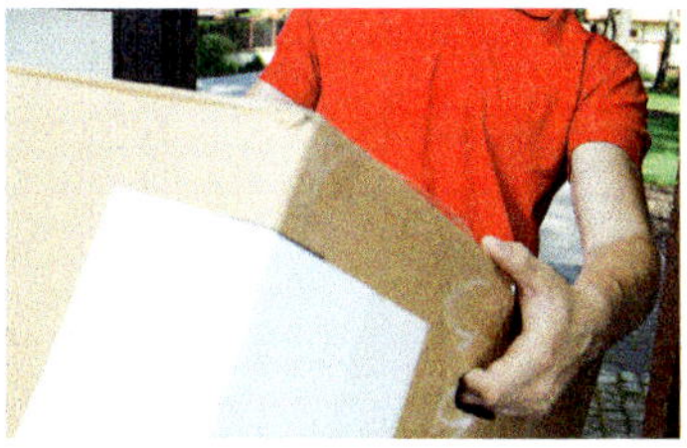

_____   _____

3. offen
verschlossen

_____   _____

4. voll
leer

_____   _____

5. beschädigt
unbeschädigt

_____   _____

17 **Sagen Sie ein Wort. Ihr Partner / Ihre Partnerin sagt das Gegenteil.**

voll

leer

voll

leer

siebzehn **17**

18 Welche Wörter finden Sie? Markieren Sie und schreiben Sie.

k	g	e	o	f	f	e	n	i	t
b	l	o	l	e	e	r	s	z	a
b	e	s	c	h	ä	d	i	g	t
m	a	u	r	v	o	l	l	t	e
k	w	s	c	h	w	e	r	a	f
s	e	t	l	e	i	c	h	t	t

1. offen
2. _____
3. _____
4. _____
5. _____
6. _____

19 Welche Bilder passen zu den Wörtern aus Übung 18? Kreuzen Sie an.

☐   ☐   ☐   ☐

20 Wie funktioniert die Warenannahme? Sprechen Sie.

	bringt	die Ware.
	lädt ... aus	die Kartons.
Der LKW	kontrolliert	die Ware.
Der Lagerhelfer	unterschreibt	den Lieferschein.
	klebt ... auf	das Etikett.
	...	...

21 Welche Verben passen? Schreiben Sie und vergleichen Sie.

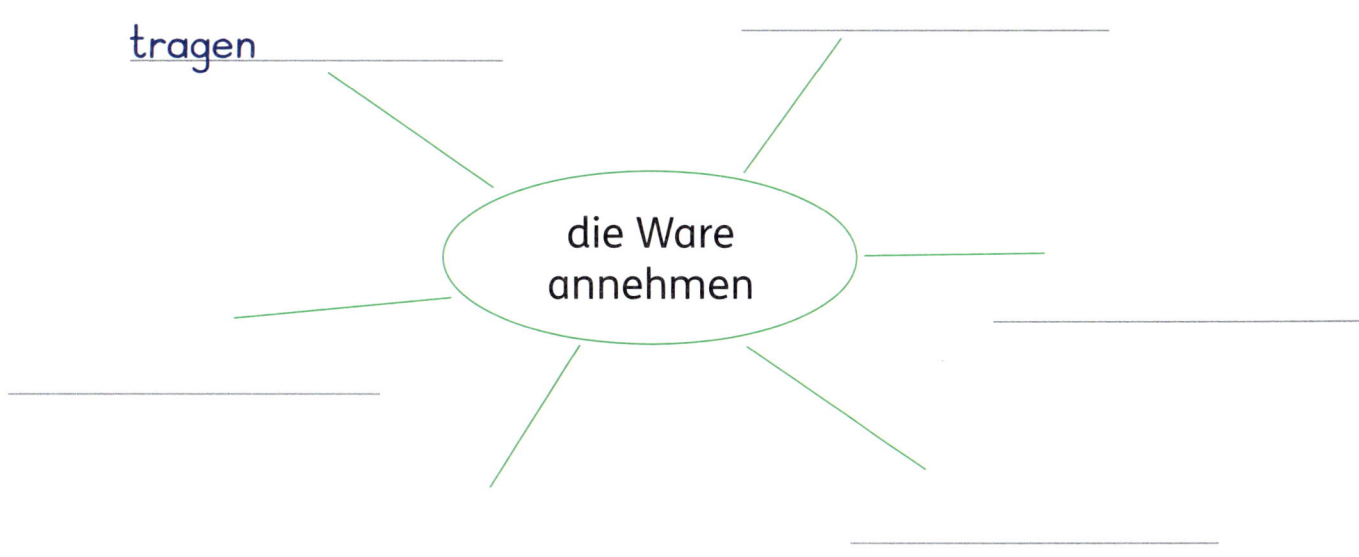

tragen

die Ware
annehmen

22 Üben Sie Ihre Verben aus Übung 21. Sprechen Sie.

1. ich trage – du trägst – er / sie trägt – wir ... – ihr ... – sie ...
2. ...

23 Was ist das Problem: Empfänger, Menge, Schäden oder Qualität? Sprechen Sie.

1. Der Supermarkt bestellt 20 Paletten. Der LKW bringt 10 Paletten.
2. Der Supermarkt bekommt Ware. Auf dem Lieferschein steht: *Für das Möbelhaus.*
3. Der Supermarkt bestellt 50 Kartons. Der LKW bringt 50 Kartons, aber 4 sind kaputt.
4. Der Supermarkt bestellt blaue Stifte. Der LKW bringt rote Stifte.

24 Welche Wörter können Sie gut? Haken Sie die Wörter im Glossar ab. ✓

der Schutzhelm

  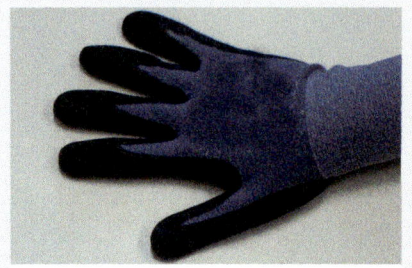

 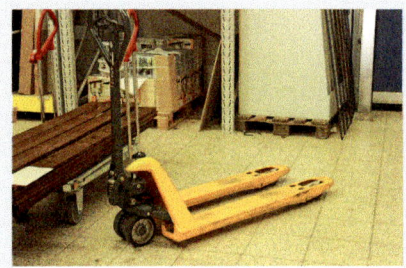 

  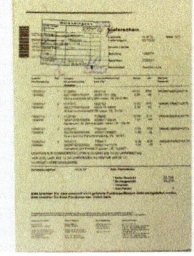

3 Im Lager:

Die Ware einräumen

1|2

1 Die Kollegen räumen die Ware ein. Wer macht was? Ordnen Sie zu und sprechen Sie über die Bilder.

Bild _____ : Er fährt den Hubwagen mit Kartons.

Bild _____ : Er scannt das Etikett.

Bild _____ : Er geht zum Hochregal.

Bild _____ : Er sucht Regalnummer 8.

Bild _____ : Er hat einen Scanner.

> Auf Bild 1 sind zwei Kollegen.
> Ein Kollege hat …
> Er scannt …

> Auf Bild 2 ist ein Mann.
> Er trägt …
> Er …

2 Warum scannt der Kollege den Karton? Sprechen Sie.

3 Was sagt Tobias? Lesen Sie.

> Zuerst sortieren wir die Ware: Was kommt ins Lager? Was schicken wir direkt zu einem Kunden?
>
> In meinem Lager ist es so: Jetzt bekommt jeder Karton ein Etikett mit einem Strichcode.
>
> Wir scannen den Karton. Wir scannen das Regal.
>
> Dann weiß der Computer: Dieser Karton ist in diesem Regal.

4 Was ist richtig? Kreuzen Sie an.

1. Tobias muss die Ware nicht sortieren. ☐
2. Jeder Karton bekommt ein Etikett. ☐
3. Tobias scannt die Ware und das Regal. ☐
4. Der Computer ist im Regal. ☐

5 Wie funktioniert ein Strichcode? Lesen Sie und markieren Sie die Zahlen.

> Der Strichcode hat vier Teile.
>
> Die erste Zahl ist für das Land. 4 heißt zum Beispiel Deutschland, 9 heißt Österreich.
>
> Die zweite Zahl ist für den Produzenten.
>
> Die dritte Zahl ist für das Produkt.
>
> Die vierte Zahl ist zur Kontrolle.

4 12345 67891 16

6 Was macht man im Lager? Schreiben Sie unter die Bilder.

1. ~~beladen~~   2. stapeln   3. sortieren
4. stempeln   5. scannen   6. tackern

1

2

3

beladen

4

5

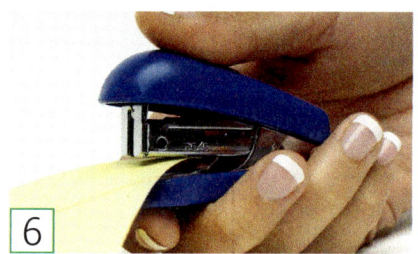
6

_____   _____   _____

7 Was passt zusammen? Verbinden Sie.

1. das Hochregal   scannen

2. den Strichcode   beladen

3. zwei oder drei Papiere   sortieren

4. die Ware   tackern

5. den Lieferschein   stapeln

6. Paletten mit dem Gabelstapler   stempeln

8 Was macht Tobias? Schreiben Sie Sätze.

Tobias belädt das Hochregal.

Er scannt ...

9 Was braucht man im Lager? Schreiben Sie unter die Bilder.

2. der Stift   1. der Scanner   3. der Tacker
6. der Stempel   4. das Klebeband   5. das Cuttermesser

1

2

3

4

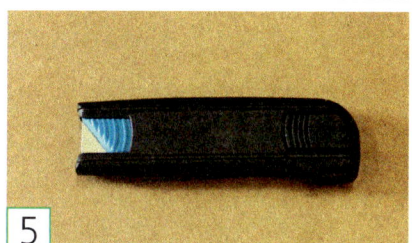

5

6

10 Wofür braucht man das? Sprechen Sie.

Mit dem Scangerät scannt man Strichcodes.

Mit dem Stift unterschreibt man den ...

11 Welche Nummern sind gleich? Verbinden Sie.

a Artikelnummern

2026	3608
4119	2026
5765	4119
3608	5765

b Strichcodes

4-00263-11303-23	4-11134-22017-51
4-11134-22017-51	9-00051-83225-67
9-00051-83225-67	4-00263-11303-23
9-00041-93225-62	9-00041-93225-62

12 Der Chef und Sara planen den Arbeitstag. Lesen Sie und kreuzen Sie die richtige Antwort an.

a

Sara fährt die Paletten weg

Chef: Sara, fahr bitte die Paletten mit dem Hubwagen weg.
Sara: Kein Problem.
Chef: Mach auch die Kartons auf und kontrollier die Qualität.
Sara: Ja, das mache ich.

Sara nimmt ☐ die Sackkarre. ☐ den Hubwagen.

Sie kontrolliert ☐ die Qualität. ☐ die Menge.

b

Sara räumt die Ware ein

Chef: Scann danach die Strichcodes.
Sara: Okay. Und dann?
Chef: Sortier die Ware und räum sie in die Regale.
Sara: Gut. Dann fange ich mal an.

Sara ☐ schreibt Strichcodes. ☐ scannt Strichcodes.

Sie räumt die Ware ☐ in den LKW. ☐ in die Regale.

13 Analysieren Sie die Sätze. Malen Sie wie im Beispiel.

1	2	3
▲ ▲	●	▲ ▲
Der Lagerhelfer	kontrolliert	die Ware.

Sara	sortiert	die Kartons.

Tobias	unterschreibt	den Lieferschein.

14 Analysieren Sie die Sätze. Malen Sie wie im Beispiel.

1	2
●	▲ ▲
Kontrollier	die Ware!

Sortier	die Kartons!

Unterschreib	den Lieferschein!

15 Was ist anders? Vergleichen Sie die Sätze in Übung 13 und 14.

Wiederholen Sie

16 Was ist auf dem Bild? Zeigen Sie und sprechen Sie.

> Da sind zwei Klebebänder.

> Genau. Da ist auch ein ...

17 Was sagt der Chef? Verbinden Sie und schreiben Sie.

1. Hol   die Ware aus!
2. Lad   die Strichcodes!
3. Scann   den Gabelstapler!
4. Stemple   die Menge!
5. Kontrollier   den Lieferschein!

18 Bitten Sie Ihren Partner / Ihre Partnerin. Er / Sie reagiert.

> Hol bitte das Klebeband.

> Ja, kein Problem.

> Einen Moment, bitte.

> Gern.

19 Lesen Sie den Zettel. Was brauchen Sie für die Aufgaben? Sprechen Sie.

– Lieferschein unterschreiben
– Dokumente tackern
– Kartons aufmachen und ausräumen
– Etiketten scannen
– Regale einräumen

> Ich unterschreibe den Lieferschein.
> Ich brauche einen Stift.

20 Schreiben Sie drei Strichcodes und diktieren Sie. Ihr Partner / Ihre Partnerin schreibt. Kontrollieren Sie.

1) 4 - 21176 - 98134 - 55
2)

21 Welche Wörter passen? Wählen Sie ein Thema und sammeln Sie Wörter.

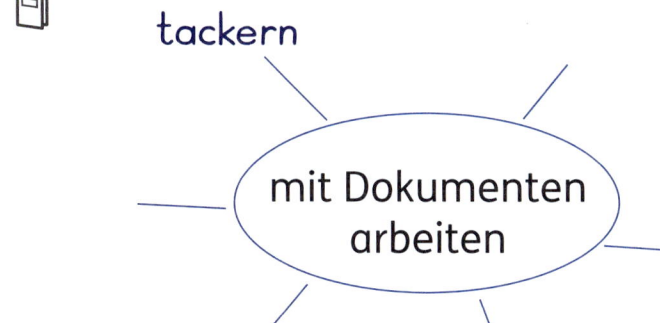

tackern

(mit Dokumenten arbeiten)

stapeln

(Ware einräumen)

22 Welche Wörter können Sie gut? Haken Sie die Wörter im Glossar ab. ✓

Ware verpacken und versenden

1 Was sehen Sie auf den Bildern? Ordnen Sie zu.

- [ ] die Schere
- [ ] das Cuttermesser
- [ ] das Styropor
- [ ] die Folie
- [ ] das Klebeband
- [ ] die Kiste

2 Was sagt Tobias? Lesen Sie den Text.

Ein Kunde bestellt Ware.
Dann nehmen wir die Ware aus dem Regal und legen sie in eine Kiste.
Wir verpacken sie mit Folie und Styropor. So geht nichts kaputt.
Am Ende kleben wir die Kartons zu.

3 Was ist richtig? Kreuzen Sie an.

1. Tobias bestellt Ware. ☐
2. Die Kollegen verpacken die Ware. ☐
3. Sie nehmen Folie und Styropor. ☐
4. Sie machen die Kartons zu. ☐

4 **Was braucht man zum Verpacken? Schreiben Sie unter die Bilder.**

2. das Luftpolster   4. die Schaumfolie   6. der Schaumstoff
5. die Luftpolsterfolie   3. der Kantenschutz   1. die Styroporflocken

1

_____

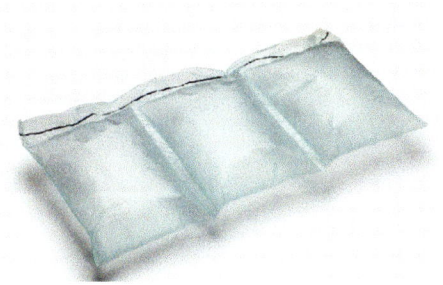

2

_____

3

_____

4

_____

5

_____

6

_____

5 **Sie packen Pakete. Welches Material brauchen Sie? Sprechen Sie.**

1. Sie packen einen Fernseher ein.
2. Sie packen ein Parfüm ein.
3. Sie packen ein Bild ein.
4. Sie packen … ein.

> Für den Fernseher nehmen wir …

6 Was macht man beim Verpacken? Ordnen Sie zu.

zukleben   einstretchen   einwickeln   umreifen

_____   _____   _____   _____

7 Was benutzt man noch? Verbinden Sie.

   der Brief   -maschine

   die Umreifungs   -umschlag

   die Stretch   -abroller

   der Klebeband   -folie

8 Wie und warum stretcht Tobias den Karton ein? Schreiben Sie die Zahlen und sprechen Sie.

Hier ist Nummer 1.

Ja. Da ist ein Karton auf einer ...

9 **Tobias und Sara packen die Ware ein.**
Lesen Sie und kreuzen Sie die richtige Antwort an.

a

Sie wickeln die Ware ein

Tobias: Komm Sara, wir verpacken Ware. Hier ist eine Vase.
Sara: Sie kann leicht kaputtgehen.
Tobias: Ja, wir wickeln sie in Luftpolsterfolie ein.
Sara: Gut.

Sara nimmt ☐ Luftpolsterfolie.   ☐ Schaumfolie.

b

Sie polstern den Karton aus

Tobias: Wir legen Schaumstoff in den Karton.
Sara: Okay. Ich lege die Vase auf den Schaumstoff.
Tobias: Und jetzt kommen Styroporflocken darauf.
Sara: Ich lege die Rechnung noch dazu. Klebst du den Karton zu?

Tobias nimmt ☐ Luftpolster.   ☐ Styroporflocken.

Sara legt ☐ die Rechnung   ☐ den Lieferschein   in den Karton.

10 **Was benutzen Sara und Tobias? Kreuzen Sie an.**

☐   ☐   ☐   ☐

11 **Wie versendet man ein Paket? Ordnen Sie die Sätze zu.**

☐ ☐ ☐ ☐

1. Das Paket kommt zur Poststation.
2. Wir legen die Rechnung in das Paket.
3. Das Paket bekommt eine Briefmarke. Wir versenden es.
4. Das Paket kommt auf ein Fließband.

12 **Was sagt Tobias? Lesen Sie.**

Die Ware ist fertig verpackt.

Der LKW holt die Ware.

Der Fahrer belädt den LKW.

Er ist vorsichtig. Die Kartons müssen gut stehen.

Der Fahrer bringt die Ware zu den Kunden.

13 **Der LKW kommt. Der Fahrer und der Lagerhelfer sprechen. Spielen Sie den Dialog.**

Hallo! Ich hole die Kartons.

Hallo! Hier ...

14 Was bedeuten die Symbole auf den Kartons? Ordnen Sie zu.

 1

 2

 3

 4

 5

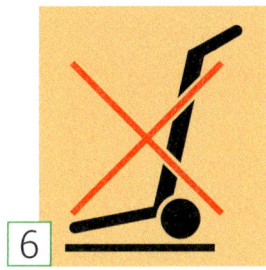 6

 7

 8

1. Nicht mit dem Messer öffnen!   Bild _____

2. Nicht in die Sonne stellen!   Bild _____

3. So muss das Paket stehen.   Bild _____

4. Vorsicht, Glas!   Bild _____

5. Paket soll nicht nass werden!   Bild _____

6. Nicht stapeln!   Bild _____

7. Karton recyceln.   Bild _____

8. Keine Sackkarre benutzen!   Bild _____

15 Sie packen Pakete. Welche Symbole brauchen die Kartons? Sprechen Sie.

Es gibt:
1. 20 Gläser Honig
2. Handschuhe
3. einen Laptop
4. ein Buch
5. Wurst und Käse
6. 10 Teller

> Wir packen 20 Gläser Honig ein.

> Gut. Wir brauchen einen Karton mit *Vorsicht, Glas!* und ...

16 Wie sind die Silben? Klatschen Sie die Wörter und schreiben Sie in zwei Farben.

1. Schaumfolie   Schaumfolie _____

2. Luftpolster _____

3. Schaumstoff _____

4. Kantenschutz _____

17 Welche Wörter finden Sie? Markieren Sie und schreiben Sie.

a	d	b	e	s	t	e	l	l	e	n	k
z	e	i	n	w	i	c	k	e	l	n	t
e	i	n	s	t	r	e	t	c	h	e	n
b	r	a	u	m	r	e	i	f	e	n	s
t	z	u	k	l	e	b	e	n	i	f	e
b	a	v	e	r	p	a	c	k	e	n	b
p	r	e	v	e	r	s	e	n	d	e	n

1. bestellen _____
2. _____
3. _____
4. _____
5. _____
6. _____
7. _____

18 Welches Wort passt nicht? Streichen Sie durch.

1. der Karton   die Kiste   ~~die Schere~~

2. die Dokumente   die Sackkarre   die Papiere

3. die Schere   das Cuttermesser   die Poststation

4. das Styropor   die Rechnung   der Lieferschein

5. das Luftpolster   die Schaumfolie   das Klebeband

6. die Briefmarke   die Folie   der Briefumschlag

19 Was sehen Sie auf dem Karton? Sprechen Sie.

Hier ist der Strichcode.

Ja, genau.
Und hier ist ein Symbol für ...

20 Welche Wörter passen? Schreiben Sie und vergleichen Sie.

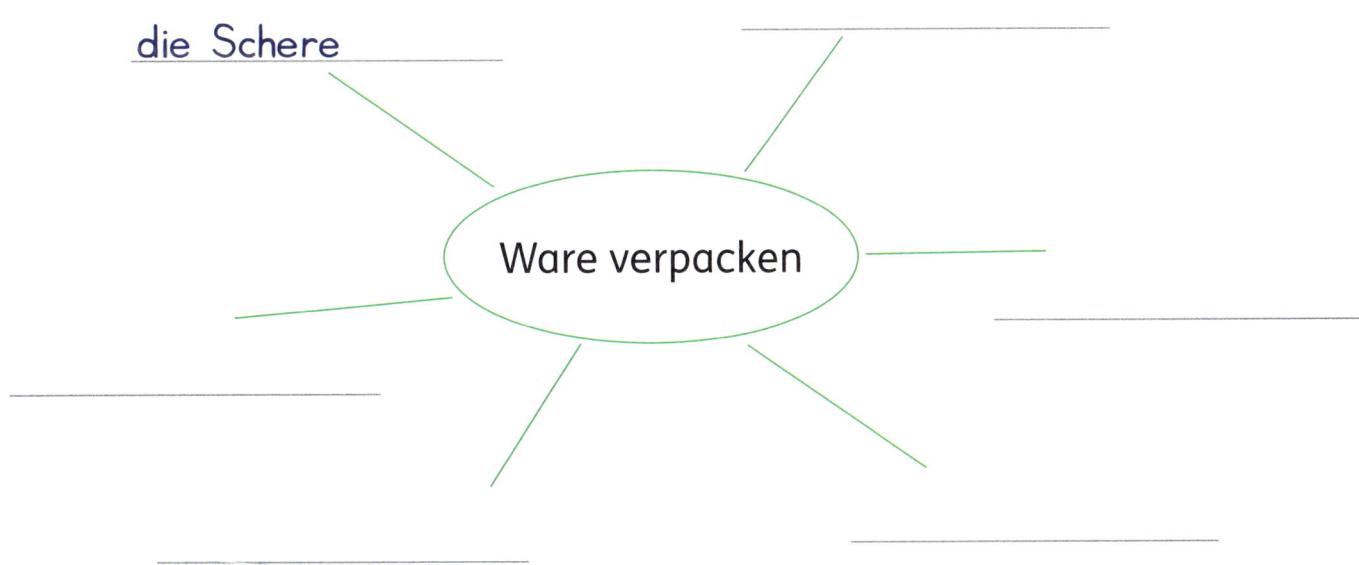

die Schere

Ware verpacken

21 Welche Wörter können Sie gut? Haken Sie die Wörter im Glossar ab. ✓

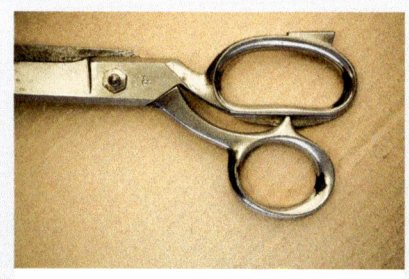

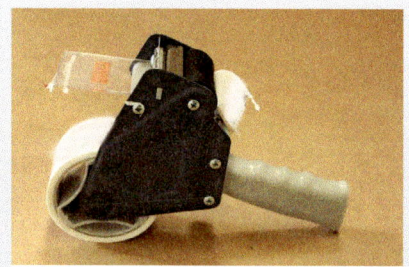

Formalitäten, Sicherheit und Regeln

1 Was muss Tobias manchmal machen? Lesen Sie den Text.

> Manchmal muss ich ein Formular ausfüllen: Bei der Agentur für Arbeit, für meinen Arbeitsvertrag, beim Arzt oder für die Versicherung. Viele Angaben sind oft gleich, zum Beispiel: Name, Wohnort, Familienstand.

2 Was passt zusammen? Verbinden Sie.

Name	Wann sind Sie geboren?
Geburtsdatum	Wie heißen Sie?
Wohnort	Woher kommen Sie?
Familienstand	Was sind Sie von Beruf?
Herkunftsland	Sind Sie ledig oder verheiratet?
Beruf	Wo wohnen Sie?

3 Füllen Sie das Formular mit Ihren Informationen aus.

```
Name _____

Vorname _____

Wohnort _____

Straße,Hausnummer _____

Herkunftsland _____

Geburtsdatum _____

Geburtsort _____

Familienstand _____

Beruf _____
```

4 **Sara ist krank. Sie telefoniert mit Tobias. Lesen Sie den Dialog.**

Tobias: Hallo Sara. Wie geht's?

Sara: Nicht so gut. Ich bin krank. Ich habe Fieber und kann nicht arbeiten. Was muss ich jetzt machen, Tobias?

Tobias: Du musst dich beim Chef krankmelden.

Sara: Wie melde ich mich krank?

Tobias: Du sagst dem Chef am ersten Tag der Krankheit, dass du krank bist.

Sara: Aha. Muss ich auch zum Arzt?

Tobias: Ja, spätestens am dritten Tag. Der Arzt gibt dir die Krankmeldung, weil du nicht arbeiten kannst.

Sara: Ist die Krankmeldung für den Arbeitgeber?

Tobias: Genau. Du schickst die Krankmeldung mit der Post.

5 **Was ist richtig? Kreuzen Sie an.**

1. Sara ☐ muss zum Chef. ☐ muss sich krankmelden.
2. Sie muss den Chef ☐ am ersten Tag ☐ am dritten Tag informieren.
3. Sie muss spätestens ☐ am dritten Tag ☐ am fünften Tag zum Arzt.
4. Die Krankmeldung schreibt ☐ der Arzt. ☐ der Arbeitgeber.

6 **Die Krankmeldung hat offiziell einen anderen Namen. Finden Sie ihn?**

7 **Unfälle im Lager. Was sagt Tobias dazu? Lesen Sie den Text.**

Manchmal passiert im Lager ein Unfall.
Wir haben einen Erste-Hilfe-Kasten mit
Verbandszeug, Desinfektionsmittel und
einer Rettungsdecke.
Wenn der Unfall schlimm ist,
rufen wir natürlich den Notarzt.

8 **Was ist im Erste-Hilfe-Kasten? Ordnen Sie zu.**

die ~~Mullbinde~~   das Verbandstape   die Schere   die Rettungsdecke
die Wundauflage   das Pflaster

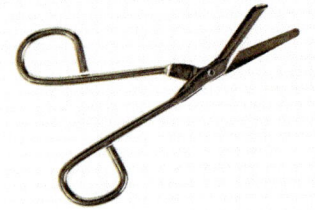

_____   die Mullbinde   _____

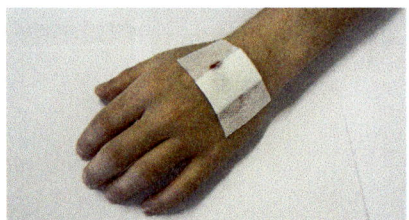

_____   _____   _____

9 **Wofür braucht man was? Sprechen Sie.**

eine Wunde abdecken   ein Pflaster zuschneiden
den Verband befestigen   eine Wunde verbinden   eine Blutung stoppen
eine verletzte Person vor Kälte oder Hitze schützen

[Mit einem / einer ... kann man ...

10 **Neda, Sami und Tobias machen ein Unfalltraining. Ordnen Sie zu.**

1. Neda ruft den Rettungswagen.   Bild _____
2. Sami bringt Tobias in die stabile Seitenlage.   Bild _____
3. Sie verbinden den Kopf.   Bild _____
4. Sie legen eine Wundauflage auf den Arm auf.   Bild _____
5. Sie befestigen den Verband.   Bild _____

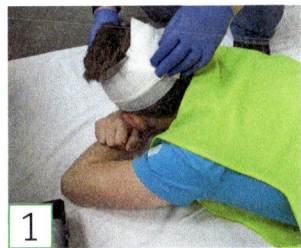
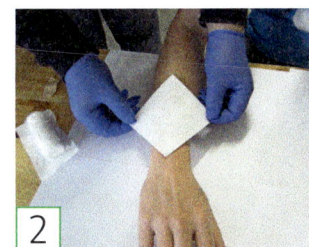

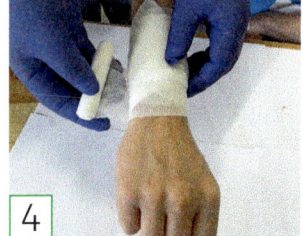

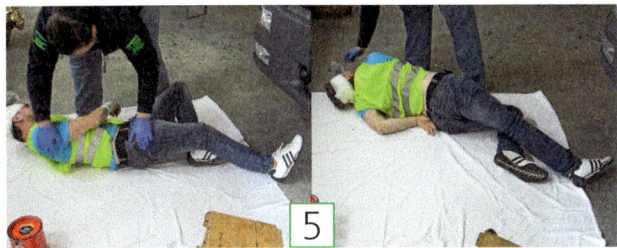

11 **Ein Anruf bei der Notrufzentrale. Welche Antworten passen? Verbinden Sie und lesen Sie den Dialog.**

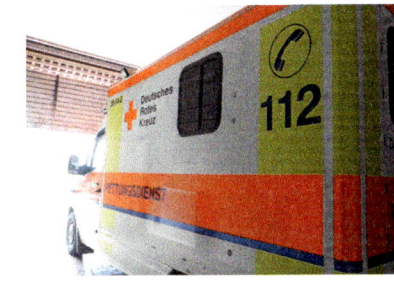

1. Wer sind Sie?   Der Kollege ist bewusstlos. Er atmet nicht normal.

2. Was ist passiert?   Guten Tag, mein Name ist Sami Nasseri.

3. Wo sind Sie?   Mein Kollege hatte einen Unfall. Ein Karton ist auf ihn gefallen.

4. Wie geht es der verletzten Person?   Das Lager ist in Marburg in der Schubertstraße 1.

12 **Spielen Sie weitere Dialoge.**

1. Ein Kollege hat sich das Bein gebrochen. Er hat Schmerzen.
2. Ein Kollege hat sich beim Transportieren verletzt. Er blutet.

13 **Sicherheit im Lager. Was sagt Tobias dazu?**

Im Lager ist Sicherheit wichtig. Es gibt viele Regeln und Schilder. Manche Schilder geben Hinweise zur Schutzkleidung. Andere Schilder warnen vor Gefahren.

14 **Welche Schutzkleidung muss man hier tragen? Sprechen Sie.**

15 **Was glauben Sie: Was bedeuten die Schilder? Sprechen Sie.**

16 **Welches Bild passt? Ordnen Sie zu.**

1. Nicht weitergehen!   Bild _____
2. Nichts abstellen oder lagern!   Bild _____
3. Nur eine Person auf dem Gabelstapler!   Bild _____
4. Vorsichtig gehen!   Bild _____
5. Achtung, elektrische Hochspannung!   Bild _____
6. Nicht nach oben klettern!   Bild _____
7. Achtung, Ladung kann fallen!   Bild _____
8. Keinen Gabelstapler benutzen!   Bild _____

17 Was passt zusammen? Verbinden Sie.

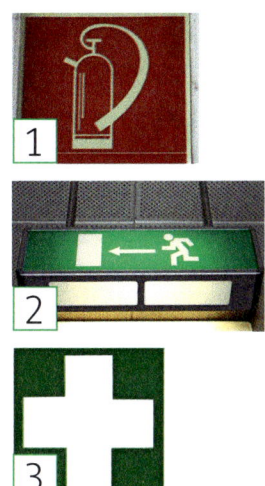

So kommt man zum Notausgang.

Hier bekommt man Erste Hilfe.

Hier findet man einen Feuerlöscher.

18 Sehen Sie sich den Plan an. Welche Symbole erkennen Sie?

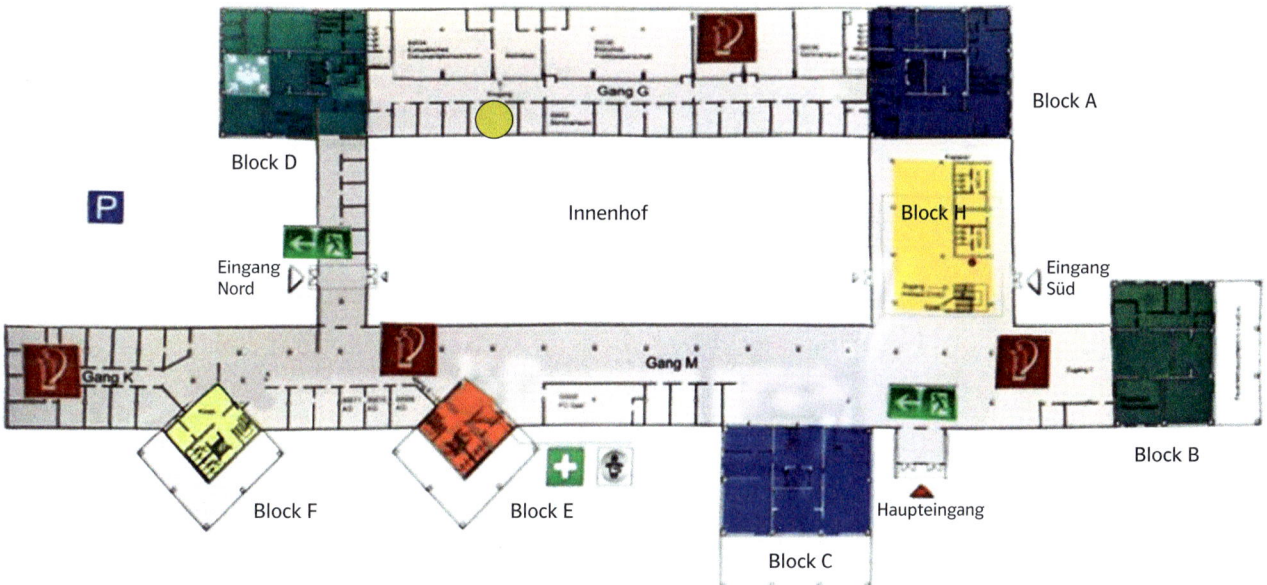

19 Wohin gehen Sie in Notfallsituationen? Sprechen Sie.

Sie sind hier 🟡 .

1. Ein Unfall ist passiert: Wo ist der Erste-Hilfe-Raum?
2. Es brennt: Wo sind die Feuerlöscher?
3. Sie müssen das Gebäude verlassen: Wo ist der Notausgang?

[Ich gehe nach rechts | nach links | geradeaus, dann …

Wiederholen Sie

20 Wie sind die Silben? Klatschen Sie die Wörter und schreiben Sie in zwei Farben.

1. Herkunftsland   Herkunftsland _____

2. Geburtsdatum   _____

3. Familienstand   _____

4. Krankmeldung   _____

5. Arbeitsvertrag   _____

21 Welche Wörter finden Sie? Markieren Sie und schreiben Sie.

G	V	e	r	b	a	n	d	k	a	e
A	v	S	c	h	m	e	r	z	e	n
N	o	t	a	r	z	t	f	l	a	s
l	o	K	i	r	W	u	n	d	e	s
r	R	e	t	U	n	f	a	l	l	e
s	G	b	l	u	t	e	n	l	b	i
b	e	m	a	t	m	e	n	n	A	r

1. _____
2. _____
3. _____
4. _____
5. _____
6. _____
7. _____

22 Silbensalat: Schreiben Sie die Wörter richtig.

   nung spann Hoch   _____

   er er lösch Feu   _____

   aus Not gang   _____

23 **Welche Wörter passen? Schreiben Sie und vergleichen Sie.**

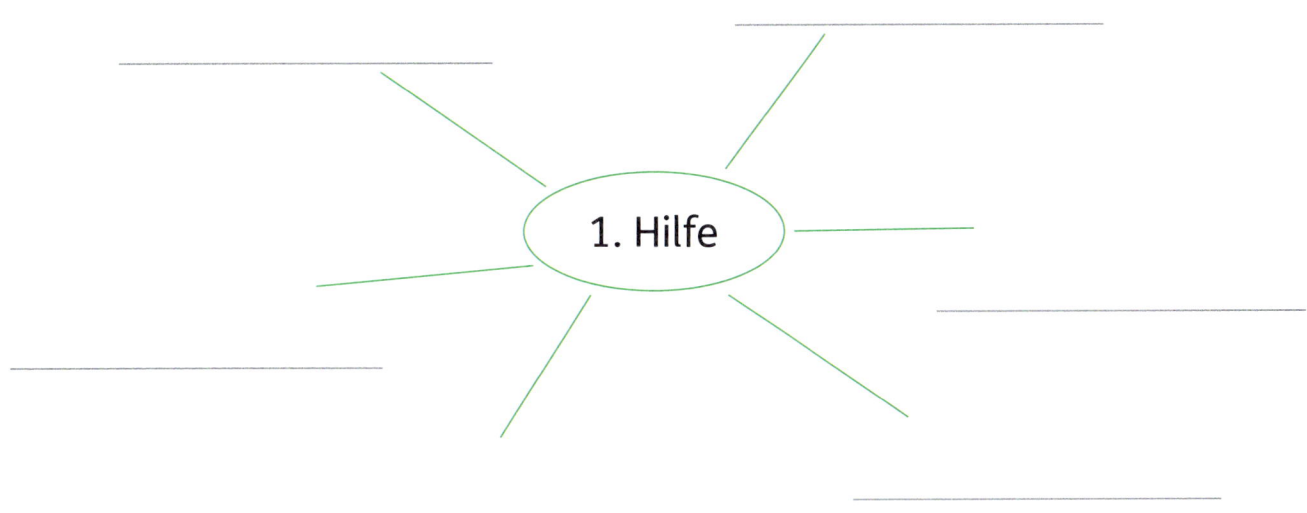

24 **Was ist das? Lesen Sie vor. Ihr Partner / Ihre Partnerin sagt das Wort.**

1. Es ist im Erste-Hilfe-Kasten. Man klebt es auf eine Wunde.
2. Es ist ein gelbes Papier. Man bekommt es vom Arzt.
3. Es ist weiß. Damit macht man einen Verband.
4. Es ist eine Tür. Hier kann man raus, wenn es brennt.
5. Es ist rot. Es hilft bei Feuer.
6. Es ist ein offizielles Wort für die Frage: Verheiratet oder ledig?

25 **Beschreiben Sie ein Wort aus der Lektion. Die anderen raten.**

26 **Welche Wörter können Sie gut? Haken Sie die Wörter im Glossar ab.** ✓

Grammatik

Wortarten

Wörter gehören zu verschiedenen Gruppen (Wortarten). Die Wörter in einer Gruppe haben gleiche Eigenschaften, zum Beispiel: Die Nomen haben einen Artikel. Hier sind die wichtigsten Wortarten:

● Verb: tragen, sortieren, verpacken, ausladen, aufmachen, …

▲ Nomen: der Karton, die Ware, das Regal, der Lagerhelfer, …

▲ Artikel: der, die, das, ein, mein, dein, …

▲ Adjektiv: schwer, leicht, offen, verschlossen, beschädigt, …

▲ Pronomen: ich, du, er, sie, wir, …

▲? Fragepronomen: Wer? Was? Wann? Wie? Warum? …

Das Verb

Das Verb hat einen [Stamm] und eine [**Endung**].

ich	sortier	e	ich	verpack	e
du	sortier	st	du		
er / sie	sortier	t	er / sie		
wir	sortier	en	wir		
ihr	sortier	t	ihr		
sie / Sie	sortier	en	sie / Sie		

Manche Verben teilt man: [auf] [mach] [en]

Ich [mach] [e] den Karton [auf].

1 Wie sind die Formen für *unterschreiben, scannen, einräumen, aufmachen*?

2 Suchen Sie Verben aus den Lektionen. Schreiben Sie die Formen.

Das Verb auf Position 2

Bei Aussagen steht das Verb auf Position 2.

1	2	3
▲	●	▲
Tobias	sortiert	Kartons.

1 **Schreiben Sie Aussagen.**

_____ .

(Tobias – einen Arbeitskittel – trägt)

_____ .

(der Lagerhelfer – die Ware – verpackt)

_____ .

(kommt – die Palette – auf den Gabelstapler)

Bei W-Fragen steht das Verb auch auf Position 2. Die W-Frage beginnt mit einem Fragewort: *Warum, Wann, Wo, Wie, …*

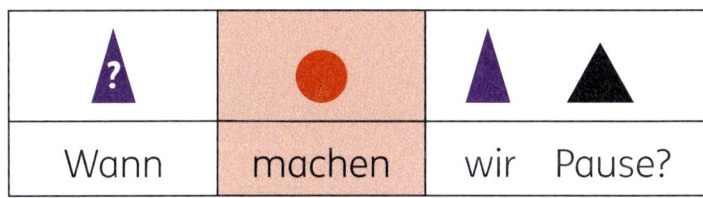

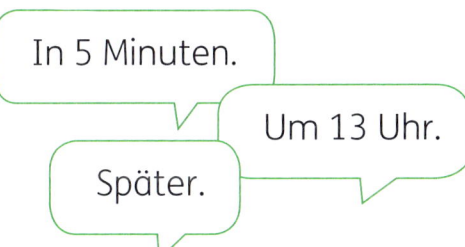

2 **Schreiben Sie drei W-Fragen.**

_____ ?

(der Hubwagen – wo – ist)

_____ ?

(ich – wie – scanne – den Strichcode)

_____ ?

(kommt – wann – der LKW)

Grammatik

Das Verb auf Position 1

Beim Imperativ steht das Verb auf Position 1.

1	2
🔴	🔺🔺
Sortier	die Ware!

sortieren: du sortierst   bringen: du bringst   verpacken: du verpackst
~~du~~ sortier~~st~~   ~~du~~ bring~~st~~   _____

Sortier!   _____!   _____!
Sortieren Sie!   _____ Sie!   _____ ___!

1 Schreiben Sie Sätze im Imperativ.

_____ !

(den Lieferschein unterschreiben)

_____ !

(die Ware kontrollieren)

Bei Ja- / Nein-Fragen steht das Verb auch auf Position 1.

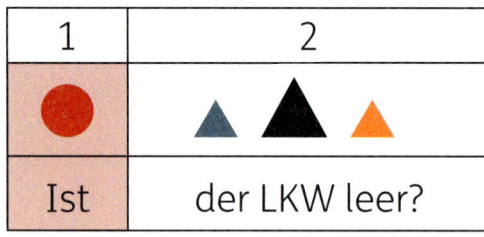

1	2
🔴	🔺🔺🔺
Ist	der LKW leer?

Ja. Nein.

2 Schreiben Sie Ja- / Nein-Fragen.

_____ ?

(der Karton – ist – voll)

_____ ?

(eine Leiter – du – hast)

Das Nomen: Komposita

Man kann Wörter zusammensetzen und neue Nomen bilden.
Das zweite Wort bestimmt den Artikel.

1 **Schreiben Sie die Wörter.**

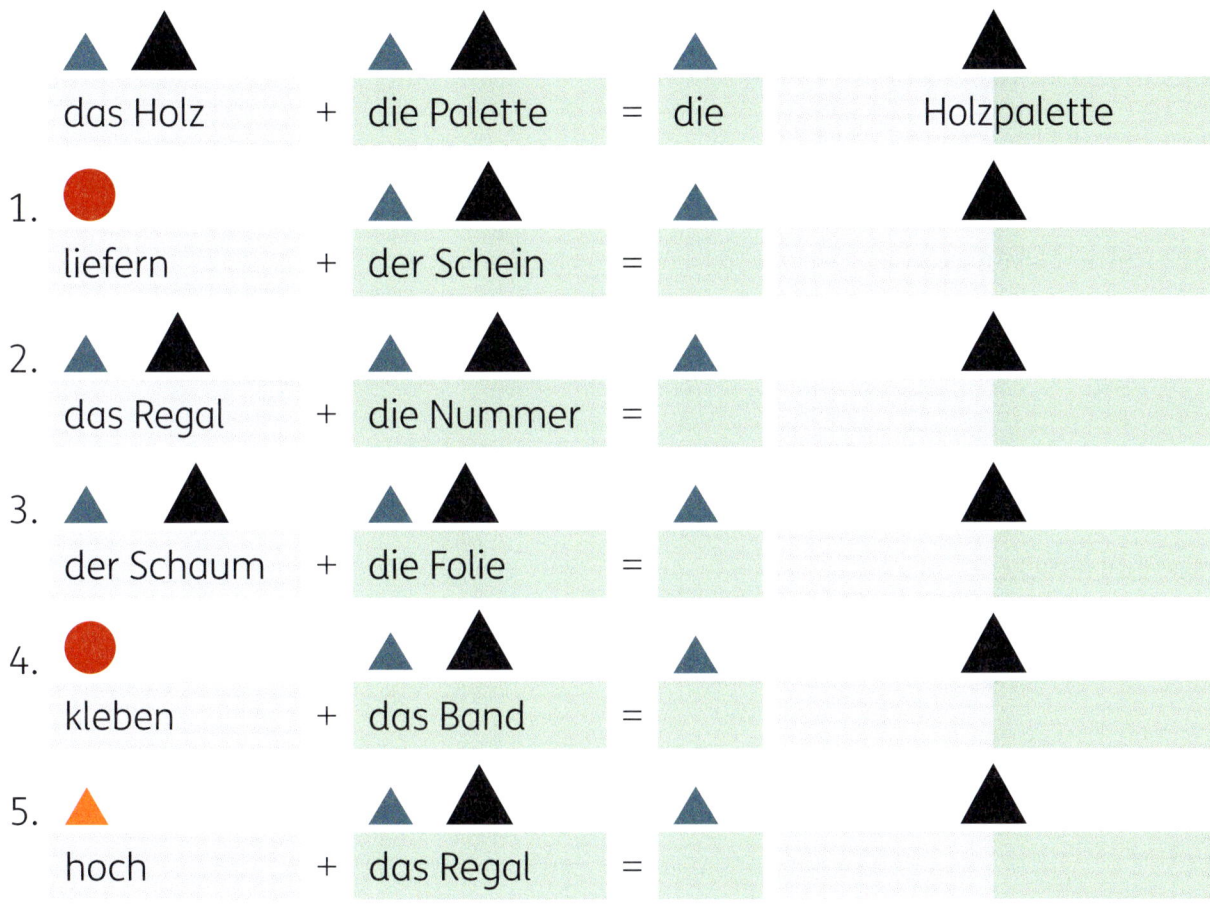

das Holz + die Palette = die Holzpalette

1. liefern + der Schein =

2. das Regal + die Nummer =

3. der Schaum + die Folie =

4. kleben + das Band =

5. hoch + das Regal =

2 **Setzen Sie die Wörter zusammen. Wie sind die Artikel?**

Holz
Metall
Hoch ——— regal
Lager
Paletten

1. _____
2. _____
3. _____
4. _____
5. _____

3 **Suchen Sie noch mehr zusammengesetzte Nomen in den Lektionen.**

Lektion 1: Arbeitskleidung, Gegenstände und Materialien

Arbeitskleidung

der Arbeitsschuh, -e

der Arbeitshandschuh, -e

der Arbeitskittel, -

die Arbeitshose, -n

der Schutzhelm, -e

die Warnweste, -n

die Schutzbrille, -n

Im Lager

der Container, -

die Folie, -n

der Gabelstapler, -

die Gitterboxpalette, -n

der Gitterrollwagen, -

der Hubwagen, -

der Karton, -s

die Leiter, -n

die Palette, -n

das Regal, -e

die Sackkarre, -n

die Ware, -n

der Zettel, -

Tätigkeiten

(Ware) annehmen

organisieren

(Pakete) packen

räumen

tragen

transportieren

die Materialien

das Glas *(nur Singular)*

das Holz *(nur Singular)*

das Metall *(nur Singular)*

das Papier *(nur Singular)*

die Pappe *(nur Singular)*

das Plastik *(nur Singular)*

Lektion 2: Neue Ware annehmen

im Lager

die Adresse, -n

das Etikett, -en

die Kiste, -n

der Lieferschein, -e

die Lieferung, -en

der LKW, -s

der Strichcode, -s

die Verpackung, -en

die Ware, -n

(kaputt / komplett)

der Wareneingang

Tätigkeiten

aufkleben

aufmachen

ausladen
_____

bringen
_____

kontrollieren
_____

tragen
_____

transportieren
_____

(die Dokumente) unterschreiben
_____

zählen
_____

zukleben
_____

Kontrolle

der Empfänger, -
_____

die Menge, -n
_____

die Qualität, -en
_____

(die Größe, die Farbe, das Material)
_____

der Schaden, ⸚
_____

Kartons

schwer
_____

leicht
_____

offen
_____

verschlossen
_____

voll
_____

leer
_____

beschädigt
_____

unbeschädigt
_____

Lektion 3: Die Ware einräumen

Im Lager

das Cuttermesser, -
das Etikett, -en
das Hochregal, -e
das Klebeband, ⸚er
der Kunde, -n
die Regalnummer, -n
der Stempel, -
der Stift, -e
der Tacker, -

_____
_____
_____
_____
_____
_____
_____
_____
_____

der Strichcode

der Computer, -
der Scanner, -
der Produzent, -en
das Produkt, -e
die Kontrolle, -n
die Artikelnummer, -n

_____
_____
_____
_____
_____
_____

Tätigkeiten

beladen
einräumen
kontrollieren
(ins Regal) räumen
scannen
schicken
sortieren

_____
_____
_____
_____
_____
_____
_____

Glossar

stapeln

stempeln

tackern

(die Ware) wegfahren

Lektion 4: Ware verpacken und versenden

Ware verpacken

der Briefumschlag, ⸚e

das Cuttermesser, -

die Kiste, -n

das Klebeband, ⸚er

der Klebebandabroller, -

die Schere, -n

die Umreifungsmaschine, -n

Verpackungsmaterial

die Folie, -n

der Kantenschutz *(nur Singular)*

das Luftpolster, -

die Luftpolsterfolie, -n

die Schaumfolie, -n

der Schaumstoff *(nur Singular)*

die Stretchfolie, -n

das Styropor *(nur Singular)*

die Styroporflocke, -n

Ware versenden

die Briefmarke, -n

das Fließband, ⸚er

die Poststation, -en

die Rechnung, -en

Tätigkeiten

(den LKW) beladen

bestellen

einpacken / verpacken

einstretchen

einwickeln

umreifen

versenden

zukleben

zumachen

Lektion 5: Formalitäten, Sicherheit und Regeln

Formalitäten

die Arbeitsunfähigkeits-
    bescheinigung, -en

der Arbeitsvertrag, ⸚e

der Familienstand *(nur Singular)*

das Geburtsdatum, -daten

das Herkunftsland, ⸚er

die Krankmeldung, -en

der Notfall

atmen

bewusstlos sein

bluten

(sich ein Bein) brechen

Schmerzen haben

der Unfall, ⸚e

verletzt sein

die Erste Hilfe

das Desinfektionsmittel, -

der Erste-Hilfe-Kasten, ⸚

die Mullbinde, -n

der Notarzt, ⸚e

das Pflaster, -

die Rettungsdecke, -n

der Rettungswagen, -

die stabile Seitenlage *(nur Singular)*

das Verbandstape, -s

das Verbandszeug *(nur Singular)*

die Wundauflage, -n

Tätigkeiten

(eine Wunde) abdecken

(einen Verband) befestigen

(in die stabile Seitenlage) bringen

sich krankmelden

(vor Hitze / Kälte) schützen

(eine Blutung) stoppen

(eine Wunde) verbinden

(ein Pflaster) zuschneiden

Sicherheit

brennen

der Feuerlöscher, -

die Gefahr, -en

der Hinweis, -e

die Hochspannung, -en

die Ladung, -en

klettern

lagern

der Notausgang, ‥e

die Regel, -n

das Schild, -er

die Schutzkleidung *(nur Singular)*

Welche Wörter finden Sie wichtig? Schreiben Sie.

Lösungen

Lektion 1

1 richtig: Arbeitshosen, Arbeitsschuhe, Schutzhelme

2 erste Reihe: 5, 2, 7
zweite Reihe: 6, 4, 3

4 Das ist Tobias. Er ist Lagerhelfer von Beruf.

7 richtig: 2, 4

9 1. Was stellt man auf den Hubwagen oder Gabelstapler?: 6
2. Was ist ein Fahrzeug?: 4
3. Worauf legt man die Ware?: 2, 5, 6
4. Womit transportiert man Paletten?: 3, 4, 5

10 2 der Hubwagen, 3 die Sackkarre,
6 der Gitterrollwagen, 1 der Gabelstapler,
5 die Gitterboxpalette

13 oben: das Plastik, das Holz
unten: das Papier, das Glas, das Metall

16 3 die Palette, 2 der Gitterrollwagen,
1 das Regal, 4 der Hubwagen, 7 die Leiter,
6 die Folie, 8 der Container

17 2. der Pappkarton, 3. der Gitterrollwagen,
4. die Holzpalette, 5. der Müllcontainer,
6. die Plastikfolie

18 2. Holz, 3. Plastik, 4. Papier, 5. Metall,
6. Pappe

19 Holzpalette, Plastikpalette, Gitterboxpalette;
Plastikpalette, Plastikeimer, Plastikfolie

20 die Container, die Lager, die Regale,
die Paletten, die Leitern

22 1. die Handschuhe
2. das Glas
3. der Karton
4. die Leiter
5. der Gabelstapler
6. der Müllcontainer

Lektion 2

1 6 die Ware, 4 das Etikett,
3 der Lieferschein, 2 die Adresse,
5 der Strichcode

3 richtig: 1, 3

4 ich kontrolliere, er / sie kontrolliert

5 Ich kontrolliere den Karton.
Du kontrollierst die Adresse.
Wir kontrollieren die Ware.
Ihr kontrolliert das Etikett.
Tobias und Sara kontrollieren die Qualität.

6

Nomen	Verben
die Ware	ausladen
der LKW	unterschreiben
der Strichcode	transportieren
das Lager	bringen

7 1 tragen, 5 transportieren,
4 unterschreiben,
6 aufmachen, 3 zukleben

8 Tobias (macht) den Karton (auf).

9 Ich mache den Karton auf.
Du machst den Container auf.
Wir machen alle Kisten auf.
Ihr macht die Waren auf.
Tobias und Sara machen den LKW auf.

10 Sami lädt die Ware aus.
Tobias klebt den Karton zu.
Sara klebt das Etikett auf.

12 1. Empfänger
2. Menge
3. Schäden
4. Qualität

14 1. die Menge, 2. der Empfänger,
3. die Schäden

16 1. klein
2. leicht, schwer

3. offen, verschlossen
4. voll, leer
5. unbeschädigt, beschädigt

18 2. leer
3. beschädigt
4. voll
5. schwer
6. leicht

19 richtig: 1, 2, 4

23 1. Das Problem ist die Menge.
2. Das Problem ist der Empfänger.
3. Das Problem sind die Schäden.
4. Das Problem ist die Qualität.

Bildwörterbuch zu Lektion 1 und 2

linke Seite:
    die Warnweste, der Arbeitsschuh
    die Arbeitshose, der Arbeitskittel,
    der Arbeitshandschuh
    die Sackkarre, der Hubwagen,
    der Gabelstapler
    die Palette, die Gitterboxpalette,
    der Gitterrollwagen
    der LKW, die Ware, der Lieferschein

rechte Seite:
    die Adresse, der Strichcode, das Etikett
    unterschreiben, kontrollieren, ausladen
    aufmachen, zukleben, aufkleben
    leicht, voll, beschädigt
    schwer, leer, unbeschädigt

Lektion 3

1 Bild 2: Er fährt den Hubwagen mit Kartons.
Bild 1: Er scannt das Etikett.
Bild 2: Er geht zum Hochregal.
Bild 2: Er sucht Regalnummer 8.
Bild 1: Er hat einen Scanner.

4 richtig: 2, 3

7 2. den Strichcode scannen
3. zwei oder drei Papiere tackern
4. die Ware sortieren
5. den Lieferschein stempeln
6. Paletten mit dem Gabelstapler stapeln

8 zum Beispiel:
Er scannt den Strichcode.
Sara tackert zwei Papiere.
Ich sortiere die Ware.
Der Kollege stempelt den Lieferschein.
Du stapelst Paletten mit dem Gabelstapler.

11 a) Artikelnummern
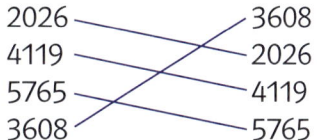

2026 — 2026
4119 — 4119
5765 — 5765
3608 — 3608

b) Strichcodes
4-00263-11303-23 — 4-00263-11303-23
4-11134-22017-51 — 4-11134-22017-51
9-00051-83225-67 — 9-00051-83225-67
9-00041-93225-62 — 9-00041-93225-62

12 a) den Hubwagen; die Qualität
b) scannt Strichcodes; in die Regale

13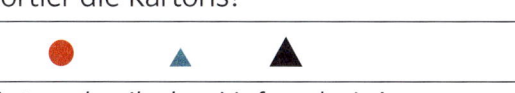

Sara sortiert die Kartons.

Tobias unterschreibt den Lieferschein.

14

Sortier die Kartons!

Unterschreib den Lieferschein!

Lösungen

15 Das Verb ● steht in 13 und 14 auf einem anderen Platz.
In 13 steht das Verb auf Position 2:
„Der Lagerhelfer <u>kontrolliert</u> die Ware."
In 14 steht das Verb auf Position 1:
„<u>Kontrollier</u> die Ware!"

17 2. Lad die Ware aus!
3. Scann die Strichcodes!
4. Stemple den Lieferschein!
5. Kontrollier die Menge!

19 zum Beispiel: Ich tackere die Dokumente. Ich brauche einen Tacker.
Ich mache die Kartons auf und räume sie aus. Ich brauche ein Cuttermesser.
Ich scanne die Etiketten. Ich brauche einen Scanner.
Ich räume die Regale ein. Ich brauche eine Leiter.

Lektion 4

1 2 die Schere, 6 das Styropor, 3 das Klebeband, 5 das Cuttermesser, 4 die Folie, 1 die Kiste

3 richtig: 2, 3, 4

6 1 einwickeln, 2 zukleben, 3 einstretchen, 4 umreifen

7 der Briefumschlag
die Umreifungsmaschine
die Stretchfolie
der Klebebandabroller

8 2, 4, 3

9 a) Luftpolsterfolie;
b) Styroporflocken, die Rechnung

10 richtig: 1, 3, 4

11 2, 4, 1, 3

14 1. Bild 3, 2. Bild 4, 3. Bild 7, 4. Bild 1, 5. Bild 2, 6. Bild 8, 7. Bild 5, 8. Bild 6

16 2. Luftpolster, 3. Schaumstoff, 4. Kantenschutz

17 2. einwickeln, 3. einstretchen, 4. umreifen, 5. zukleben, 6. verpacken, 7. versenden

18 Diese Wörter passen nicht:
2. die Dokumente, ~~die Sackkarre~~, die Papiere
3. die Schere, das Cuttermesser, ~~die Poststation~~
4. ~~das Styropor~~, die Rechnung, der Lieferschein
5. das Luftpolster, die Schaumfolie, ~~das Klebeband~~
6. die Briefmarke, ~~die Folie~~, der Briefumschlag

Bildwörterbuch zu Lektion 3 und 4

linke Seite:
stapeln, beladen, sortieren
der Scanner, der Stempel, der Tacker
scannen, stempeln, tackern
das Cuttermesser, der Stift, das Klebeband
die Schere, die Kiste, der Klebebandabroller

rechte Seite:
die Styroporflocken, das Luftpolster, der Kantenschutz
die Schaumfolie, die Luftpolsterfolie, der Schaumstoff
der Briefumschlag, die Umreifungsmaschine, die Stretchfolie
verpacken, umreifen, einstretchen
die Rechnung, das Fließband, die Briefmarke

Lektion 5

2 Geburtsdatum: Wann sind Sie geboren?
Wohnort: Wo wohnen Sie?
Familienstand: Sind Sie ledig oder verheiratet?
Herkunftsland: Woher kommen Sie?
Beruf: Was sind Sie von Beruf?

5 richtig: 1. muss sich krankmelden, 2. am ersten Tag, 3. am dritten Tag, 4. der Arzt.

6 Die Krankmeldung heißt offiziell „Arbeitsunfähigkeitsbescheinigung".

8 oben: die Schere, die Wundauflage
unten: das Verbandstape, das Pflaster, die Rettungsdecke

9 Mit einer Wundauflage kann man eine Wunde abdecken.
Mit einer Schere kann man ein Pflaster zuschneiden.
Mit Verbandstape kann man den Verband befestigen.
Mit einer Mullbinde kann man eine Wunde verbinden.
Mit einem Pflaster kann man eine Blutung stoppen.
Mit einer Rettungsdecke kann man eine verletzte Person vor Kälte oder Hitze schützen.

10 1.: Bild 3, 2.: Bild 5, 3.: Bild 1, 4.: Bild 2, 5.: Bild 4

11 Was ist passiert? – Mein Kollege hatte einen Unfall. Ein Karton ist auf ihn gefallen.
Wo sind Sie? – Das Lager ist in Marburg in der Schubertstraße 1.
Wie geht es der verletzten Person? – Der Kollege ist bewusstlos. Er atmet nicht normal.

14 die Warnweste, die Arbeitshandschuhe, der Schutzhelm, die Schutzbrille

16 1. Bild 5, 2. Bild 2, 3. Bild 4, 4. Bild 6, 5. Bild 8, 6. Bild 7, 7. Bild 3, 8. Bild 1

17 Bild 1 – Hier findet man einen Feuerlöscher.
Bild 2 – So kommt man zum Notausgang.
Bild 3 – Hier bekommt man Erste Hilfe.

20 2. Geburtsdatum, 3. Familienstand, 4. Krankmeldung, 5. Arbeitsvertrag

21 1. Verband, 2. Schmerzen, 3. Notarzt, 4. Wunde, 5. Unfall, 6. bluten, 7. atmen

22 Hochspannung, Feuerlöscher, Notausgang

24 1. das Pflaster
2. die Krankmeldung
3. die Mullbinde
4. der Notausgang
5. der Feuerlöscher
6. der Familienstand

Grammatik

Das Verb

du verpackst, er / sie verpackt,
wir verpacken, ihr verpackt,
sie / Sie verpacken

1 ich unterschreibe, du unterschreibst,
er / sie unterschreibt, wir unterschreiben,
ihr unterschreibt, sie / Sie unterschreiben

ich scanne, du scannst, er / sie scannt,
wir scannen, ihr scannt, sie / Sie scannen

ich räume ein, du räumst ein,
er / sie räumt ein, wir räumen ein,
ihr räumt ein, sie / Sie räumen ein

ich mache auf, du machst auf,
er / sie macht auf, wir machen auf,
ihr macht auf, sie / Sie machen auf

Das Verb auf Position 2

1 Tobias trägt einen Arbeitskittel.
Der Lagerhelfer verpackt die Ware.
Die Palette kommt auf den Gabelstapler.

2 Wo ist der Hubwagen?
Wie scanne ich den Strichcode?
Wann kommt der LKW?

Lösungen

Das Verb auf Position 1

Bring! Bringen Sie!
~~du~~ verpack~~st~~ → Verpack! Verpacken Sie!

1 Unterschreib / Unterschreiben Sie den Lieferschein!
Kontrollier / Kontrollieren Sie die Ware!

2 Ist der Karton voll?
Hast du eine Leiter?

Das Nomen: Komposita

1 1. der Lieferschein, 2. die Regalnummer,
3. die Schaumfolie, 4. das Klebeband,
5. das Hochregal

2 1. das Holzregal, 2. das Metallregal,
3. das Hochregal, 4. das Lagerregal,
5. das Palettenregal